비 누

시인의 말

  간추리고 정리하는 일에는 언제나 반성적 성찰이 따르기 마련이다.
  그런 면에서 바라보면 목마르고 고통스런 경험이다. 그러나 나를 사랑하는 일 또한 필요한 일이다.
  반세기가 넘도록 오로지 한 곳을 향해 걸어온 내 자신을 신뢰하고 싶다. 스스로 골라낸 이 작품들이 나를 증명할 수 있길 바랄 뿐이다.

              2024년 8월 이우걸

차례

시인의 말 • 5

세계는 갑자기 • 13

물 • 14

지금은 누군가 와서 • 15

그대 보내려고 • 16

찬 이마 마주 뎁히면 • 17

남해 맑은 물은 • 18

빈 배에 앉아 • 20

발견 • 21

섬 • 22

낙화 • 23

봄비 • 24

단풍물 • 25

비 • 26

팽이 • 27

겨울 삽화 • 28

비누 • 29

길 • 30

저녁 이미지 • 34

강 • 35

아가雅歌 • 37

눈 • 38

나사·2 • 39

모란 • 40

옛 집에 와서 • 41

나이테를 바라보며 • 42

강 • 43

아홉 시 뉴스를 보며 • 44

소금 • 45

해금시인 12인집을 읽으며 • 46

지상의 밤 • 47

방황 • 48

시계 • 49

거울·3 • 50

손 • 51

겨울 항구 • 52

비 • 53

새벽 2시의 시 • 54

과일 • 55

넥타이 • 56

도서관에서 • 57

책의 죽음 • 58

맹인 • 59

가계부 • 60

이름 • 61

피아노 • 62

서서 우는 비 • 63

산인역 • 64

신문 • 65

늪 • 66

모자 • 67

두포리 서신 • 68

사무실 • 69

꽃 • 70

부록 • 71

안경 • 72

링 • 73

흉터 • 74

치과에서 • 75

월평을 읽으며 • 76

코스모스 • 77

아직도 우리 주위엔 직선이 대세다 • 78

어머니 • 79

집 • 80

모자 • 82

국수처럼 • 83

어둠을 연주하는 두 개의 에스키스 • 84

묵언 시집 • 86

터미널 엘레지 • 87

구름 • 88

아침 식탁 • 89

카페 피렌체에서 • 90

영화관에서 • 91

북천역 • 92

서울역 엘레지 • 93

라면 • 94

해설

이우걸, 감각의 현상학

   －정미숙 문학평론가 • 95

비 누

세계는 갑자기

내가 지금 그의 찻잔을 조용히 바라보면
세계는 갑자기 투쟁의 눈을 버리고
설경의 나무들처럼 달빛으로 몸을 덮는다.

하나의 우주, 하나의 따스함
우리는 지금 먼데서 한 없이 날아와서
이토록 순수한 잔을 눈부시게 가꾸고 있다.

그가 지금 나의 찻잔을 조용히 바라보면
세계는 갑자기 투쟁의 눈을 버리고
설경의 나무들처럼 달빛으로 몸을 덮는다.

물

1
동생처럼 먼저 잠이 든
아내를 바라보다가
별스런 욕심 없이도
그녀를 건너게 되고
우리는
그 때 일어나
한 그릇의
물을 찾는다.

놋그릇에 담겨 있거나
더운 가슴에 고여 있거나
더 깊숙한 어디에서도 우리가 만나야 하는
해갈의 고운 영토를
기다리며 사는 것일까.

2
둔탁한 벽시계가 하루를 밟고 가고
밟고 가며 남겨두던 검붉은 그늘은 자라
어느 역 뜨락엔 지금
가을비가 내리고 있다.

지금은 누군가 와서

차단된 가슴 사이에 두 개의 잔이 놓이고
떨리지 않는 손이 친절처럼 가득해 올 때
만남을 포기한 나는 저 가면의 잔을 쳐든다.

설익은 눈빛까지도 웃음으로 부딪쳐 와서
얼마쯤 뜻을 만드는 이 무서운 응접실에서
무수히 고용 당해 온 한 세대의 시간이여.

슬픔이 슬프지 않고 기쁨이 기쁠 수 없는
잃어버린 우리 향방의 차디 찬 배경 속으로
지금은 누군가 와서 돌아가는 바람이 분다.

그대 보내려고

그대 보내려고 강가에 나온 날은
수초도 머리 풀고 마음을 흔드는가
이런 날 내 시선 속엔 바람마저 정처 없다.

지는 꽃잎에도 남아 우는 수신樹神의 몸짓
조용히 무늬 지는 강심江心의 정수리엔
혼자서 맞을 길 없는 슬픔이 찬란하다.

가을을 쓸고 섰는데 원정園丁의 그림자처럼
광란도 머물다 뜨는 가혹한 적막 속을
그 뉘의 유념이런 듯 낮달 하나 떠 있다.

찬 이마 마주 뎁히면

우리 발목 적셔 흐르는 노을 아래 앉아서
참으로 잊고 지내던 봄 바다를 살피는 동안
복사꽃 한 가지만큼 피어나는 아내여.

그 언저리 작은 안녕을 꽃씨처럼 훔쳐 보다가
격정의 파도가 번져 쓰려오는 바다 때문에
기어코 오던 그 길을 고쳐서 돌아왔지.

진한 거역 씻어내고 찬 이마 마주 뎁히면
흔들수록 흔들릴수록 우리는 한 점 어등漁燈
죄 없는 영혼을 만나러 하늘 아래 놓였다.

남해 맑은 물은

1
남해
맑은 물은
안으로
깊은 바다

지척 뭍 소식을
올올이 감아 두고도

약속의
반달쯤 떴다
아른
아른
잠기는 섬

2
충무항
뱃머리쯤서
서성이던 바람도

그 사람

눈빛처럼
말없이 따라 와선

한없는
꽃밭이 되어
오손도손
사는 곳.

빈 배에 앉아

1
빈 배에 앉아 바다를 바라보니
달빛은 탄피처럼 어둠 속에 박히는데
누군가 머언 곳에서
안타까운 손을 흔든다.

제 가진 전신으로 한 하늘을 건져 내려고
제 가진 전신으로 한 바다를 건져 내려고
등대는 떨리는 손을 허공에 걸어 놓았다.

2
외로운 사람들이 파도를 지키는 동안
바다는 많은 울음을 그 가슴에 묻었지만
시대는 표정도 없이 그들을 비켜 갔다.

발견

1
오랫동안 잊고 지내던 거울을 꺼내어서
내 습관의 언어들을 비춰보고 있노라면
어쩐지 사투리들만 살아 있다는 느낌이 든다.
편애하던 낱말까지 자세히 들여다보면
떡갈나무 잎사귀처럼 바람에 일렁이다가
불길에 몸을 뺏기는 낙엽 같은 느낌이 든다.

나는 이것을 배반이라 부른다 나는 이것을 내란이
라 부른다 그러나 나는 이것을 구원이라 부르고 싶다.

2
서리 묻은 국화꽃 몇 송이를 사와서
비어 있는 원고지에 정성껏 문지르며
한밤 내 생각해 본다, 저 말들의 뿌리를.

섬

너는 위안이다 말없는 약속이다

짓밟혀서 돌아오는 어두운 사내를 위해

누군가 몰래 두고 간

테라스의 불빛 하나.

낙화

잠든 소녀 머리맡을 라디오가 지켜 선 오후

분홍빛 얼굴을 한 음악이 기웃거리다 흰 벽에 쏟아지는 뉴스와 부딪치고 부딪쳐서 피 흘리고 피 흘리며 사라지고 사라지는 얼굴을 밟고 누군가가 일어서고

그녀의 봄꿈 속에도 복사꽃이 지고 있을까?

봄비

그것은 신의 나라로
열려 있는 음악 같은 것

불타는 들을 건너서 얼음의 산을 넘어서

돌아와
가슴에 닿는
깊은 올의 현악기.

텅 빈 벤치에서도 시멘트 벽 속에서도

수없이 잊어야 했던
가난한 이름들을

이 밤에 모두 부르며
봄비는 길을 떠난다.

단풍물

가을에는 다 말라버린 우리네 가슴들도
생활을 눈감고 부는 바람에 흔들리며
누구나 안 보일만치는 단풍물이 드는 갑더라.

소리로도 정이 드는 산 개울가에 내려
낮달 쉬엄쉬엄 말없이 흘려 보내는
우리 맘 젖은 물속엔 단풍물이 드는 갑더라.

빗질한 하늘을 이고 새로 맑은 뜰에 서보면
감처럼 감빛이 되고 사과처럼 사과로 익는
우리 맘 능수버들엔 단풍물이 드는 갑더라.

비

나는 그대 이름을 새라고 적지 않는다
나는 그대 이름을 별이라고 적지 않는다
깊숙이 닿는 여운을
마침표로 지워 버리며.

새는 날아서 하늘에 닿을 수 있고
무성한 별들은 어둠 속에 빛날 테지만
실로폰 소리를 내는
가을날의 기인 편지.

팽이

쳐라, 가혹한 매여 무지개가 보일 때까지

나는 꼿꼿이 서서 너를 증언하리라

무수한 고통을 건너

피어나는 접시꽃 하나.

겨울 삽화

아내는 저녁마다 배를 만들고 있고
파도는 언제나 우리 가족의 오락
드넓은 해안을 향해
날개를 펴고 있고.

향나무가 보이는 창가에 나와 앉아서
필리핀의 정세와 사설을 읽는 동안
부엌엔 평일과 같이 연탄이 타고 있다.

침묵은 언제나 침묵으로 대응되는것
혜진이가 그리고 있는 남국의 오렌지처럼
당신의 종이배 위엔
안 보이는 슬픔이 있다.

비누

이 비누를 마지막 쓰고 김 씨는 오늘 죽었다
헐벗은 노동의 하늘을 보살피던
영혼의 거울과 같은
조그마한 비누 하나.

도시는 원인모를 후두염에 걸려 있고
김 씨가 쫓기며 걷던 자산동 언덕길 위엔
쓰다 둔 그 비누만 한
달이 하나 떠 있다.

길

1
풀밭에 누워 하늘을 바라본다
더 큰 이 세상의 일곱 색 꿈을 건너서
저 길이 헤쳐갈 뜰의
내일을 생각해 본다.

2
토담은 토담끼리 이마를 맞대던 곳
떠도는 빈 들 구름 같은 마음에게도
손 잡아 방에 앉히던
옥양목 치마저고리.

네가 가고 싶은 낯선 도시에는
가슴에 못 박혀 남을 그리움이 있느냐
말없이 웃으며 밟을
달그리메가 있느냐.

3
아무도 너의 가슴을 빗줄기라 하지 않았다
아무도 너의 발길을 바람이라 하지 않았다

그러나 네 안 깊이엔
비가 오고 바람이 불었다.

이미 떠나온 몸과 칼날 같은 눈빛과
고향 방에 걸어두고 온 족자의 맹세들이
받아 쥔 차표에 실려
흔들리고 있었다.

4
네가 치는 아코디언의 실핏줄 같은 음률을 따라
네가 딛는 스란치마 철쭉꽃 같은 사랑을 따라
미명의 내일을 향해
또아리를
트는 삶….

대답할 수 없는 문이 되어 서 있었다
얼굴을 보이지 않는 모종의 공포들을
담담히 바라보면서
걸인처럼 서 있었다.

5
유월에 너는 피어서 아카시아 향기가 된다
시월에 너는 시들어 낙엽 지는 언덕이 된다
한밤에 너는 깊어서
달빛 쌓인 호수가 된다.

6
침묵의 눈발들이 희끗희끗 내려앉는 밤
마스트의 외로움과 구겨진 항구를 향해
길들은 포승에 묶여
죄인처럼 몸을 떤다.

알고 있다, 겨울이 가고
이 바다가 아름다운 날
원목을 잘라내는 절단기의 서슬로
카리브 해안을 향해
달릴 수도 있는 너를.

7
잠든 인가의 대나무숲 가까이로

한 포기의 희망이 눈 뜨는 이른 새벽
길들은 스프링코트의 먼지를 떨어 본다.
지나온 세월보다 더 많은 내일을
오늘 아침 신문이 말한 종양의 원인들을
넌 이제, 건강한 삶의
친구로 맞을 줄 안다.

8
저렇게 많은 지뢰와 꽃밭의 유혹 속으로
시대는 너를 내몰아 역사를 만들리라
또 다른 열매를 위해
감히 너를 던지리라.

저녁 이미지

은회색 연기들이 마을을 싸고 있었다
미처 깨닫지 못한 이승의 깊은 비애가
비워 둔 서편 하늘에 노을로 엉켜져 있고.

꽃들은 지고 있었다 또 꽃들은 피고 있었다
빈들에 놀고 있던 하느님의 새들은
진흙과 잔가질 물고 집으로 가고 있었다.

가난한 식구를 위해 두 손을 모은 어머니
주기도문 몇 음절이 문틈으로 새어나가는
그 작은 불빛을 향해
아이들은 오고 있었다.

강

1
사나이 하나가 다리 위에 서 있다
허름한 반바지의 희끗한 중년이
하상河床을 바라보면서 다리 위에 서 있다.

한때는 그를 위해 화폭처럼 걸려 있던 강
사나이는 두어 번 머리를 긁적이더니
비켜간 시간을 향해 돌팔매를 날린다.

강은 그저 앙상한 가슴을 보이고 있다
강은 그저 팍팍한 가슴을 보이고 있다
누구도 지울 수 없는 발자국이 드러나 있다.

2
언 땅에 봄이 오면 살구꽃이 피었다
마을을 지나가던 삼등열차 기적소리가
주홍빛 노을에 닿으면 강물도 따라 익었다.
세계를 잉태하던 우리들의 천지강산
마음의 노를 저어 꿈을 향해 치닫는
그 배를 따뜻이 안고 저물어 주던 강물.

3
강물은 깊은 시름에 가슴을 잃어버렸다
병든 살구가지 쇳소리 가득한 거리
낯익은 동네사람은 어디론가 가고 없다.

생각에 잠겨 있는 시월의 둑들이여
시멘트로 묶여 있는 회상의 길들이여
붕대를 감고 흐르는 당대의 강물이여.

사나이는 조용히 강바닥을 보고 서 있다
무력한 자신 같은 강바닥을 바라보다가
불현듯 그의 눈에는
폭풍이 엉키고 있다.

아가 雅歌

그를 생각케 하는 오월 그네 위에
등꽃은 하염없이 하늘로만 열려 있고
나는 그 무지갤 보며 가슴을 다독인다.

신은 알고 있을까, 숨어서 부는 피리를
미풍 하나에도 신경의 올실 같은
머플러 분홍 빛깔이 바람에 젖는 것을.

봄비처럼 그대는 내 언저릴 돌다 갔지만
나는 그대를 향해 단조의 피리를 분다
끊어진 소식을 향해 노을빛 피리를 분다.

눈

환각제 가루 같은
흰 눈이 내리고 있다

버려진 지구의 육신을 문지르며
은밀히 감춰 두었던 어둠과도 입 맞추며.

눈은 내리고 있다
일순의 현란한 위장
사람들은 말없이 창문을 닫고 있다
잠 깨면 다시 맞이 할
덧없는 혁명 같은….

나사·2
― 삼풍백화점

1
나사가 나사일 땐 나사인 줄 몰랐다
병든 자본의 가지 끝에 앉아서
마지막 조립을 위해 피 흘리던 손이여

무너진 계단 밑에서 잠이 든 너를 보며
으깨진 사체 속에서 일어서는 너를 보며
어둡고 아름다운 세상의
나사를 생각한다.

2
일기를 쓰기 위해 안약을 넣는 저녁
따스함도 희망도 애써 넣어 보지만
창 밖엔 수의도 없이
떠도는
7월이
깊다.

모란

피면 지리라

지면 잊으리라

눈 감고 길어 올리는 그대 만장 그리움의 강

져서도 잊혀지지 않는

내 영혼의

자줏빛 상처.

옛 집에 와서

1
간밤엔 등불을 켜고 주인이 책을 읽었다
그 어떤 삽으로도 퍼낼 수 없는 어둠들이
명상록 페이지마다 가득가득 담겨 있었다.

2
별들이 떠 있고 식구들은 잠들었지만
정원의 수목들이 가지를 뻗는 사이에
수심은 일 센티쯤씩 웃자라고 있었다.

3
청기와 골 깊은 인심 풀 나고 바람 불어
시멘트 바닥처럼 싸늘한 마당으로
달빛은 유년의 기억만 연신 퍼붓고 있었다.

나이테를 바라보며

네 그늘엔 조각난 탄피가 박혀 있다
네 그늘엔 깨어진 거울이 잠들어 있다
지금은 말이 없지만
그 내부를 나는 안다.

물결이 스미듯 풀잎들이 흔들리듯
지나가는 역사는 언제나 순간이지만
네 깊이 심어 둔 일월日月은
늘 피묻은 싸움인 것을.

강

흐른다고 모두가 강이 될 수 있으랴
한도 있고 대숲도 있고 누각도 갖추어진
밀양땅 남천강쯤이라야 강이라 할 수 있으리.

언덕에는 폴폴 인연의 꽃씨 날리고
눈 감으면 돋아나는 그 사람 얼굴처럼
하늘엔 은쟁반 같은 우리 사랑의 달도 떴네.

흐른다고 모두가 강이 될 수 있으랴
역사의 갈피마다 대쪽 같은 백성 길러 온
밀양땅 남천강쯤이라야 강이라 할 수 있으리.

아홉 시 뉴스를 보며

1. 언어학개론

당당히 따지고 명확히 답하기 위해
나는 말을 배우고 나는 글을 배웠으나
남은 건 침묵뿐이네 그 침묵의 가면뿐이네.
달변의 혓바닥으로 갈래갈래 헝클어 놓은
저 곡필의 역사 앞에 잠 못 드는 혼령 있나니
이 세상 흐린 날에는 마음의 창이나 닦을 일….

2. 노을

코일처럼 꼬여진 저 시정의 사연들이
지친 저녁 하늘을 뒤척이고 있는 한때
그대의 철없는 꿈도
커피잔에 녹고 있다.

소금

불면의 시대를 각으로 떠서 우는
부패한 시대를 모로 막아 우는
짜디짠 너의 이름을 소금이라 부르자.

마침내 굴욕뿐인 이승의 현관 앞에서
네가 걸어와야 했던 유혈의 가시밭길
이고 진 번뇌의 하늘 그 또한 얼마였으리.

이제는 지나간 역사의 창이라지만
어느 누가 염치없이 네 이름을 훔치려 하나
소금은 말하지 않아도 제 분량의 영혼이 있다.

해금시인 12인집을 읽으며

마음에 금을 그어 잠들어 있던 이름들
발해처럼 고구려처럼 그윽이 불러 보면
노래는 영토 없이도 나라로 대답합니다.

그분들이 두고 간 납덩이 같은 말들이
저 이념의 철망에 걸려 피 흘리고 있을 적에
우리는 부끄럽게도 제 노래만 불렀었지요.

지상의 밤

돌아오지 않고 있는 딸들을 기다리다
이 땅의 어머니들이 지쳐 잠에 빠지는 시간
집들은 상한 희망을
하수구에 내다 버린다.

칼날 같은 거리와 귀먹은 벽 사이에서
한 움큼의 부엽토도 되지 않는 믿음들
쓸쓸한, 날을 접으며
내일이 오고 있다.

방황

정처 없는 시간들이 외출을 서두는 저녁
이슬 같은 그리움 핀셋으로 건져 내어도
비워 둔 하늘 한편엔 구름 같은 우수 몇 점.

기쁨은 기쁨끼리 또 증오는 증오끼리
어깨 짜고 달려드는 저 객창의 파도 앞에서
철없는 혈기 죽이며
낮달처럼 흐르는 것.

바다는 흰 이빨로 파도를 물어뜯지만
나는 아직 갈 곳 몰라 항구에 묶여 있다
갈매기 젖은 울음만 부초처럼 자라는 칠월.

시계

돌아봐선 안 되는 로마의 검사처럼
너는 가고 있다 직진의 운명으로
가서는 되돌아 못 올
허무의 늪 속이라도.

고향땅을 떠나서 사막을 건너가는
갈증의 캐러밴 같은 피묻은 화살 같은
급박한 삶의 둔덕을
달려가는 저 행렬.

내가 너를 쫓는 동안 너는 나를 쫓아야 한다
이 기막힌 비극 뒤에 신은 웃고 있을 테지만
날 새면 다시 일어나
내 하늘을 가꿔야 하리.

거울 · 3

무명의 시간들이 익사해 간 거울 속에는
분홍으로 가려 있는 추억의 창도 있지만
빗질을 하면 할수록
헝클리는 오늘이 있다.

그러나, 아침마다 잠이 든 넋을 위해
누군가 힘껏 쳐 줄 종소릴 기다리며
우리는
거울 앞에서
머리를 빗어야 한다.

비가 오고 서리가 오고 국화꽃이 길을 열고
우리 맞는 계절은
늘 이렇게 조화로운데
거울은
무슨 음모에
또 가슴을 죄는 걸까.

손

오선지에 닿으면 떨리는 음률이 되고
그대 곁에 앉으면 진초록 파도가 되는
손 하나
우리 붙잡고
대로에 그냥 서 있자.

이 손의 내력을 아무도 묻지 말자
어둠을 빙자해서 피 묻은 죄를 짓고
오늘 와 만났다 해도
그냥 미더워하자.

햇살은 나뭇가지에 헤픈 웃음을 날리고
거리는 바쁜 발길로 화덕처럼 뜨거운데
우린 왜 섬이 되어서
정처 없이 떠도는 걸까.

겨울 항구

어둠의 사슬에 묶여 포구에 갇힌 선박들
오리무중의 내일을 기다리며
여인숙 하수구들은
병든 낭만을 방류한다

강철처럼 단단한 수평의 껍질을 깨고
아침마다 비상할,
불꽃의 새는 없을까

시간은 현관 앞에서 구두끈만 만지고 있다

비

구인 벽보판을 빗방울이 때리고 있다

광포한 빗방울들이 자모를 때리는 동안

무노동 무임금주의의

깃발이 지나간다.

새벽 2시의 시

우연히 잠이 깨어
방 안을 바라보니
아내는 꿈속에서도 곗돈을 넣고 있고
진이는 팔을 벌려서
어느 섬에 닿고 있다

나는 이 풍경을
백지 위에 담고 싶다
저 부르튼 입술들의
무사한 귀가에 대한
감사의 불을 밝히는 부질없는 제의祭儀여

과일

쟁반에 과일들이 고이어 빛날 때
식구들은 전등 아래 하나 둘 모이고
안온한 꿈의 시간이
비로소 달무리 되네.

눈먼 하루를 절며절며 헤매어 온
이 가난한 사람들의 무사한 귀가를 위해
과일은 신의 딸처럼 태초부터 있었던 걸까?

나이프가 과일의 껍질을 벗기는 동안
사각사각 대화의 껍질이 벗겨지고
어둠을 쓸고 서 있던
달빛도 들어와 앉네.

넥타이

넥타이를 매고 나면 나는 뱀 같다
교활한 혓바닥과 빈틈없는 격식으로
상대를 넘어뜨리는 이 도시의 터널에서.

나의 너털웃음을 그는 알고 있을까
내 웃음이 꾸며주는 청록빛 넥타이 속엔
지난밤 내가 숨겨 둔 간계奸計가 있다는 걸.

넥타이는 어둠 속에서 비로소 눈을 뜬다
예리한 핀 아래 눌려 있던 욕망들이
일제히 사슬을 벗고 제 얼굴을 드러낸다.

도서관에서

침묵의 두께만큼 깊어지는 책 속엔
생각의 어종들이 어지럽게 몰려다닌다
이곳은 길이 없어서
더 소중한 길이 되므로.

영악한 사람들이
페이지를 넘길 때마다
문단 속에 숨어 있는 경구들을 캐곤 하지만
영혼은 긁어서 얻는
지식 속에 있지 않다.

목마른 행인들이 물 한 컵 간구하듯
간구하며 다가서는 거짓 없는 눈빛들에게
마음의 창이 되고파 문을 여는 저 책들.

책의 죽음

나는 이제 이 책들과 헤어질 때가 되었다
사람들은 엉성한 결론을 눈치 채었고
행간에 담긴 여백도 그 신비를 잃었으므로,

한때는 비수처럼 번뜩이던 논리들
그 논리가 껴입고 있던 화려한 수사들을
어느 날 통나무 베듯 베어 버린 것이다.

버려야 할 신발짝 같은 책들을 뒤적이면
턱없이 오만한 지성의 거죽을 향해
반성의 창을 던지는 시간의 손이 보인다.

맹인

맹인은 사물을 손으로 읽는다

손은 그가 지닌 세계의 창이다

마음이 길을 잃으면

쓸쓸한 오독誤讀도 있는

눈 뜬 우리는

또 얼마나 맹인인가

보고도 만지고도

읽지 못한 세상을

빈 하늘 뜬구름인양

하염없이 바라본다

가계부

1
얼마가 있어도 잔액이란 불안한 현실
가족의 얼굴들이
겹쳐 보이는 숫자
그래서 비상금을 보면
비상구를 떠올린다.

2
오늘 우연히
너와 마주쳤다
이삿짐 속에 싸여 있는
아내의 옷 속에서
숨 가쁜 생의 경영이
밀서처럼
기록된.

3
가시를 세워야 하는
사막의 선인장처럼
너는 이 악물고 우리를 지켜왔구나
척박한 땅이 껴안은
물기 같은 숨결로.

이름

자주 먼지 털고 소중히 닦아서
가슴에 달고 있다가 저승 올 때 가져오라고
어머닌 눈 감으시며 그렇게 당부하셨다.

가끔 이름을 보면 어머니를 생각한다
먼지 묻은 이름을 보면 어머니 생각이 난다
새벽에 혼자 일어나 내 이름을 써 보곤 한다.

티끌처럼 가벼운 한 생을 상징하는
상처 많은, 때 묻은, 이름의 비애여
천지에 너는 걸려서 거울처럼 나를 비춘다.

피아노

마음에 못질을 하고 누가 떠나갔을까
저녁 상처를 물끄러미 바라볼수록
이별의 빗방울들만
건반 위로 튀어 오른다.

슬픔이나 기쁨을 피아노는 말할 수 없다
그림자에 뒤섞인 저 손끝의 떨림으로
아침이 목련을 빚듯
한 선율을 빚어낼 뿐.

서서 우는 비

닫힌 공장 녹슨 철문을 빗방울이 때리고 있다
닫힌 공장 안 마당을 빗방울이 쓸고 있다
그 한철 불붙던 음성 거미줄에 사위어 있다.

그렇다 그 때 하늘은 희망을 풀어놓고
라인마다 눈빛들이 분주하게 길을 열었지
코너를 돌아 나오며
비는 이제 울음이다.

산인역

8월 하순
다 낡은 국밥집 창가에 앉아
온종일 질척이며 내리는 비를 본다
뿌리도,
없이 내리는
실직 같은 비를 본다

철로 건너편엔 완만한 산자락
수출처럼 난만하던 철쭉꽃은
지고 없는데
살아서 다졌던 생애의
뼈 하나 묻히고 있다

신문

사람들의 말 속에는
언제나 갈퀴가 있다
타고난 포유류의 야성을 감춰보지만
급박한 상황 앞에서 얼굴을 들고 만다

그런 아침 식탁에 앉아
우리는 신문을 본다
활자들이 건져 올리는 불바다의
세상 속으로
화농의 상처 입으면
꾸역꾸역 걸어간다

늪

햇볕 들다 만 고요의 수렁이라도
늪에는 범할 수 없는 초록의 혼이 있다
우포는 수십 만 평의
그 혼의 영토다.

새가 와서 노래를 낳고
풀씨가 꽃을 피우고
깨어져 혼자 떠돌던 종소리도 쉬다 가지만
생명의 여인숙 같은
이곳엔
거절이 없다.

편한대로 닿아서
스스로 생을 가꾸는
배려와 위안의 따뜻한 나라여
늪에는 범할 수 없는 초록의 혼이 있다.

모자

내겐 챙이 드리운 엷은 그늘이 있다
그것이 내가 일용할 사유의 양식이다
태양이 없는 날이면
칙칙한 늪과 같다.

은밀한 일이 있고 몰래 지닐 꿈이 있을 때
방문 닫아걸고 혼자 별을 본 적 있는가
고적孤寂은 그 분화구의 정수리에 있는 모자다.

문을 열면 몰려드는 엉클어진 벽과 길들
그 언덕을 걸어가는 지친 이마 위에
안식의 꿈을 얹는다
너는
별빛처럼.

두포리 서신
- 유재영에게

우린 서로 무엇인가 한 구원의 이름인가
마음의 창인가 탐욕의 경쟁자인가
계단을 함께 오르는
우연한 길동무인가.

별을 가꾸던 십대를 보내고 사랑의 이마를 짚던
이십대를 보내고 분노의 활을 쏘던 삼십대를 보내고
세속에 몸을 섞던 사십대도 흘러갔다.

이제 눈앞에 보이는 건 신기루일 뿐
노래할 그 무엇이 남아
방황해야 하는가.

들것에 실려 나가는 상처 입은 꿈들을 보며
생애를 운반해가는 가파른 파도를 보며
너에게 편지를 쓴다
적막한 이 포구에서.

사무실

시계가 눈을 비비며

열두시를 친다

반쯤 남은 커피잔은 화분 곁에서 졸고 있고

과장은 혀를 차면서 서류를 읽다 만다.

문은 굳게 닫혀 있고

의자들은 말이 없다

창 밖엔 클랙슨 소리 목 쉰 확성기 소리

자세히 들여다보니

벽에도 금이 가 있다.

꽃

1
꽃들은 보충질문처럼 조금씩 열려 있다
벌들은 그 문을 잘 알고 드나든다
친수성親水性 잎들이 빚은 신록 같은 이 아침.

2
스스로는 알 수 없는 생의 유한 때문에
항상 웃고 있지만 슬픈 바코드다
꼭 한번 맞고 싶었던 이 절정의 순간에도.

3
언젠가 일궈야 할 나만의 영토를 위해
상처만큼 더 깊숙이 문신을 새기며 산다
향 깊은 목숨일수록 억센 가시 세우며.

4
유통기한 지난 것들은 사체처럼 부식한다
전율과 응혈이 그 안에 담겨 있다
받은 명 곱게 익혀서 씨앗으로 남기기 위해.

부록

1
각주도 나보단 팔자가 낫다고
뒤 페이지에 앉아서 투덜거릴 때가 있다
세상이 그런 불평을 받아 주진 않지만.

서언序言처럼 유려하게 얼굴을 내밀 수 없고
결론처럼 화끈하게 주장을 펼 수 없다는
카니발 뒷좌석에 앉은
부록들의
불만을.

2
아내의 성화에 못 이겨 전셋집을 옮기고
아들의 고집으로 전학을 시키면서
김 씨는 어쩌면 자기가
부록 같은 생이라고?

안경

껴도 희미하고 안 껴도 희미하다

초점이 너무 많아

초점잡기 어려운 세상

차라리 눈감고 보면

더 선명한

얼굴이 있다.

링

와지마 고이찌를 아는 이는 별로 없다
그를 쓰러뜨렸던 유재두도 마찬가지다
시간은 지난 영웅을 빠르게 지워버린다.

그러나 도처에 사각의 링이 있다
부지런히 팔을 내밀어 자신을 지키거나
의외의 펀치를 맞고 쓰러지는 경우뿐인.

오늘 또, 준비 없이 링 위에 올라야한다
나를 옥죄어 오는 피치 못할 옵션 때문에
생애의 스파링이란
가파르기 검과 같다.

흉터

나를 운반해온 시간의 발자국이여
상처를 꿰매고 요오드를 바르는
가파른 생의 기록을 너는 새겨놓았구나.

서투른 보행으로 걸려 넘어지고
스스로 힘겨워 무릎을 꿇기도 했던
지금은 추억으로만 다가오는 이름 이름들.

망각이 결코 미덕만은 아니다
칠흑이 비춰주는 별빛의 형형함으로
새로운 행로를 위해
나는 너를 읽고 있다.

치과에서

마침내 병든 노을이 잇몸까지 스며들었다
탐욕이 씹어 삼켰던 육질들의 보복이리라
강자라 믿었던 존재의
쓸쓸한 부식이여.

세계는 언제나 미세한 혁명뿐이다
굉음처럼 펄럭이는 군중의 깃발 뒤에도
차디찬 모반을 심는
안 보이는 손이 있듯이.

월평을 읽으며

월평을 경전처럼 만들던 때가 있었다
말들을 길들이고 자유에 경고를 주던
서글픈 눈치 보기가
젊은 한때의 공부였다.

노을처럼 흩어져 있는 감정의 파편을 보며
깨어진 거울에 비친 사물들의 음영을 보며
철없이 내가 믿었던
그 독서는
끝이 났다.

지금도 가끔 월평을 읽곤 하지만
어구들의 성찬이 만든 어설픈 문맥을 보면
지워진 어제가 떠올라
쓰디쓴 미소 짓는다.

코스모스

여름 한창인데 코스모스 피었습니다

진이는 철없다고 꽃들 꾸짖지만

제 맘도 먼저 가 피어

철없는 걸 나는 압니다

빗방울 때려서 고개를 숙이면

세상 힘겨워 먼저 진 꽃잎들이

헤어진 이름들처럼

그립고 애틋합니다

아직도 우리 주위엔 직선이 대세다

아직도 우리 주위엔 직선이 대세다
바로 지시하고 바로 반응하고
길들은 산을 뚫어도 스트레이트로 뻗어야 하고.

건물들은 눈치껏 가로 세로를 맞추고
사람들은 안전선 밖에 일렬로 서야 하고
아직도 우리 주위엔 직선이 대세다.

쉽고 편하고 강하다고 생각하지만
직선은 굳으면 칼날이 된다는데
아직도 우리 주위엔 직선이 대세다.

어머니

탱자나무 울타리 길
향나무 샘물 고인 곳
반 보시기
보리쌀
행주치마로 훔치던 눈물

바닥난
인내도 일구어
서릿발로
견디시다

집

한 권의 건축을

밤마다 꿈꾸고 있다

내가 가진 세계의 수많은 이모티콘으로

내면의 허기를 메울

그런 집을 꿈꾸고 있다

낡고 병든 언어에 대책 없이 애착을 갖던

지난날의 감상을 아프게 자책하며

새로 필 꽃들을 위한

말의 집을 꿈꾸고 있다

꿈이란 지상에 없는 저 너머의 무지개지만

때로는 종교가 되고 때로는 철학이 되는

밤마다 간구해오던

내 기도가

영글 집을

모자

1
모자의 내면을 다 읽는 사람은 없다
모자는 모자니까 그저 쓰고 있을 뿐이다
그러나 그저 단순히 모자인 모자는 없다

튼튼한 방패거나, 섬세한 장식이거나, 눈부신 휘장이거나 또 하나의 가면이거나……

수많은 필요에 의해
모자는 태어난다

2
오늘 아침 세수를 하다
속이 빈 머리를 보고
내 허전을 달래기 위해 백화점에 나와서
비로소 모자를 본다
모자를
읽어본다

국수처럼

약은 듯 매끄럽지만 적당히 어울리고
마음 맞으면 물처럼 넘어가 주는
팍팍한 세상 사는 덴 국수가 제격이라고

몇 번을 곱씹으며 이럴 땐 참아보자고
물처럼 흐르자고 국수처럼 넘어가자고
알지만 이것도 참으면 굼벵이만도 못한 생을

어둠을 연주하는 두 개의 에스키스

풍경·1

기울어진 시대의 뒷덜미를 물어뜯으며
병든 하이에나가 슬프게 울고 있다
비굴은 이런 밤에만
기생하는 바이러스다

함성은 수면 아래로 잠든 듯 고요하고
새로운 발걸음들이 출구를 찾는 시간
세계는 알 수 없는 미래의
프로그램을 돌리고 있다

풍경·2

안테나가 휘어져 있다

영상도 휘어져 있다

수신도 송신도 지금은 가망이 없다

폭우는 계속 내리고

여론은 깃발 같고

묵언 시집
−김춘수

한 채의 고요였다

적막한 사원이었다

질문을 가졌지만

대답 또한 내 몫이었다

책장을 넘길 때마다

찬바람이 불곤 했다

서가를 정리하다

다시 마주쳤다

주의 깊게 살폈지만 같은 표정이다

거대한 상상의 숲이

날개를 접고 있다

터미널 엘레지

그는 눈물이 없는 매서운 사람이다

먼저 간 많은 이별을 묵묵히 견디면서

그것이 미덕인 것처럼

그렇게 살아왔다

어릴 적 부모님이 그렇게 가르쳤고

칼날 같은 인연들이 그렇게 가르쳤고

도방의 찬바람들도 그렇게 단련시켰다

오늘은 먼 데서 올 옛사람을 기다린다

빈 벽에 기대선 그림자가 쓸쓸한 오후

자신을 되돌아보니

용감하지도 못했다

구름

믿음이 없었다고 소쩍새가 운다
참아야 했었다고 소쩍새가 운다
하늘엔 부는 바람뿐 오래 묵은 그리움뿐

주소도 모르는 얼굴을 떠올리며
난간에서 나눈 얘기를 어제처럼 생각해내며
사소한 말 한마디로 돌아섰던
길을 헤매며……

강은 제 흐름을 즐기며 가고 있고
풀꽃들은 가진 향기를 천지에 뿌리는데
그 무슨 방향도 없이
나는 바삐 흐르고 있네

아침 식탁

오늘도 불안은 우리들의 주식主食이다
눈치껏 숨기고 편안한 척 앉아보지만
잘 차린 식탁 앞에서 수저들은 말이 없다

싱긋 웃으며 아내가 농을 걸어도
때 놓친 유머란 식상한 조미료일 뿐
바빠요 눈으로 외치며 식구들은 종종거린다

다 가고 남은 식탁이 섬처럼 외롭다
냉장고에 밀어 넣은 먹다 남은 반찬들마저
후일담 한마디 못한 채 따로 따로 갇혀 있다

카페 피렌체에서

당신이 베니스에 가 있는 동안에도
카페 피렌체에서 나는 차를 마신다
밤 열시 문이 닫히고 귀가하는 그 시각까지

벽에는 두오모 대성당이 걸려 있고
사람들은 기도처럼 하루를 속삭이지만
그곳에 홀로 앉아서 나는 차를 마신다

바닷물은 없지만 곤돌라는 없지만
인생이란 노를 젓는 뱃사공의 하루 같은 것
당신이 베니스에 있는 동안
나는 나를 마신다

영화관에서

영화관은 백지처럼 나를 풀어놓는 곳
영화가 시작되면 나는 나를 생각한다
불 꺼진 그 시간만큼
그 시간의 길이만큼

나는 나를 생각하다 곧잘 잠에 빠지곤 한다
옆 사람이 깨우고 그때 눈을 떠보면
벽들은 낯선 표정으로 물끄러미 서 있다

대저 몰입이란 철저한 망각인 것
이 전쟁의 세상에서 한 모금의 안도를 위해
엔딩이 부를 때까지
나는 다시 눈을 감는다

북천역

창을 열면 조금 춥고 닫으면 조금 더운
시월 초순 바람 쐬러 북천행 기차를 탔다
일행들 마주 앉아서
정담도 나눠가며

하동장 가고 오는 한가로운 이 역에
타지서 온 사람들이 북새통을 이루자
철 만난 코스모스도 소녀처럼 나풀거렸다

뒷산의 무덤들 이마 맞댄 식구 같지만
실비 내려 스산한 저녁답 무렵에는
손수건 몰래 꺼내어
눈물 닦고 싶었다

서울역 엘레지

외로워서 찾기도 하고, 괴로워서 뜨기도 하고,
일 없어서 오기도 하고, 일에 지쳐 가기도 하는
서울역 젖은 광장에
오늘은 눈이 내리네

왜 왔니 자문하다가 왜 묻니 자답하며
어둠이 깔리는 이 도시의 미로 속으로
한 사내 눈을 밟으며 흔들흔들 가고 있다

라면

라면 하면 삼양이다 그 라면을 오래 먹어서
삼양동이라 누가 외치면 고향 동네 이름 같다
꿈에 본 외갓집같이 무턱대고 가고 싶은

졸병 시절 보초 서고 끓여 먹던 라면발 끝엔
얼굴 모르고 주고받던 위문편지 사연같이
밤새워 다 못 헤아릴 그리움이 따라 나왔다

오는 비 핑계 삼아 라면을 끓이면서
어제처럼 그려지는 추억을 되새기면서
참 많이 만나고 헤어진 인정에 젖어본다

해설

이우걸, 감각의 현상학

정미숙 문학평론가

해설

이우걸, 감각의 현상학

정미숙 문학평론가

1. 전율하는 세계와 감각의 발기

시인 이우걸은 가난한 농부의 자식으로 8남매 중에 7번째로 태어났다. 그의 시 전편에서 끈끈한 가족애는 자주 발견되나 개인사가 상세하지는 않다. 「자화상」에서 시인은 힘겨운 시대를 살았던 자신의 생애를 일별하고 있다. 시인의 자화상은 개인적이지 않다. 유난히 길고 고달팠던 시절의 기억이고, 모두 힘들고 가난했던 시대적 상흔을 확인하게 한다.

> 사변을 만나고, 기아에 허덕이고, 독재를 만나고, 시위에 휩싸이고
> 내 생이 스친 역들은
> 늘 그런 화염이었다
> -「자화상」부분

「자화상」에서 이우걸은 자신이 살아온 지난 시간을 '화염'이라 말한다. 화염(火焰)은 피할 수 없는 불가항력의 재앙이다. "사변을 만나고, 기아에 허덕이고, 독재를 만나고, 시위에 휩싸이고"에서 굴곡진 그의 시간은 우리 근현대사의 지난한 맥(脈)이다. 다행히 화염을 스치고 견뎌, 노시인으로 건재하나 여전히 충격과 허무, 고통에서 자유롭지 않은 듯 하다. 독재 처단과 시민 혁명을 이끈 시대적 성과를 언급할 법도 하나 어느 시편에서도 그런 여유를 찾을 수 없다.

>아버지
>두꺼비집
>헐렸다 눈 감으셨다
>눈, 비와 광풍의
>질정 없는 외압전류를
>몸으로 막아주시던
>아버지
>잠이 드셨다
>
>봉선화 꽃물 들고 수세미 청이 곱고
>정아 퇴원하고 농협빚 갚아 가는데
>망연히 전깃줄 위에
>제비처럼
>앉은
>우리
>－「가족」전문

「가족」에서 시인의 은밀한 내면을 알 수 있다. 우선, 「가족」의 시행 배치가 주목된다. 이러한 시행 배치는 그 자체로 의미이다. "아버지/두꺼비집/헐렸다 눈 감으셨다"를 그냥 슥 읽으면 마치 아버지께서 두꺼비 집을 손보시다 감전 사고로 돌아가신 것처럼 생각되기도 한다. 다시, 읽으면 '두꺼비집' 역할을 하신 '아버지' 죽음의 충격을 단말마적으로 타전한 전보(電報) 닮은 비명임을 깨닫는다. 아버지는 곧 두꺼비집이다. '두꺼비집'은 무엇인가. 누전을 차단하고 전류, 단락(합선)을 차단하는 곳이다. 아버지의 죽음은 곧 외압 전류를 막아줄 '두꺼비집'의 사라짐을 말한다. 두꺼비집의 헐림은 남은 가족들이 전율하는 외부세계에 함부로 노출될 수 있다는 경보(警報)이다. "제비처럼/앉은/우리"에서 어린 이우걸이 눈뜬 막막한 현실이 애달프다.

  '우리'는 아버지의 죽음을 말하지 않는다. 슬퍼할 여유도 잃었다. 압도적 상황과 미래에 대한 두려움에 제비처럼 모여 앉은 채 망연할 뿐이다. "봉선화 꽃물 들고 수세미 청이 곱고/정아 퇴원하고 농협빚 갚아 가는" 순차적 진행은 아버지가 있어 가능했다. 아버지 부재는 전망 소멸이다. '아버지'를 바라보던 눈길은 길을 잃었다.

  전율하는 감전(感電)의 세계에 던져진 그가 직면한 것은 '허기'이다. "내 하루의 노둣돌 같은 밥 한 그릇 여기 있다/내 한의 얼레줄 같은 밥 한 그릇 여기 있다."(「밥」)에서 여전한 정서적 허기가 감지된다. 정서적 허기는 경제적 결핍과 관계적 결핍으로부터 발생한다.[1] 옆도 돌아보지 않고 살았으나 허기진 우리 삶과 타자들의 고통은 여전하기 때문이다. 전율하는 세상 속에서 허기의 감각은 발기한다. 발기된 감각은 개인적 삶의 고통과 시대/세대의 아픔이 중첩되는 지점에 기반한다. "내면의 허기를 메울/그런 집을 꿈꾸고 있다/새로 필 꽃들을 위한/말의 집을 꿈꾸고 있다"(「집」)에서 확인된다. 이우걸의 시작(詩作)은 허기의 정서를 타자와 공감하고 해석하는 과정에 있다.

여기서 감각은 일차적으로 '살아있는 몸'을 말한다. 알듯이 '몸'은 의식과 정신활동의 담지체인 감각의 공간이다. 권력이 실현되는 곳이며 타자성과 그 대응 방식을 모색할 수 있는 장소다. '감각'(sensation)은 감각기관에 의존하며 감각기관을 통해서 오성에 전해지는 우리가 갖는 대부분의 관념들의 원천이다. 감각은 세상의 이해이자 우리를 세상에 열어주는 살아있는 중개자라 할 것이다.[2]

이 글에서 나는 이우걸의 시조를 '감각의 현상학'으로 읽어내고자 한다. 알듯이 현상학은 한 작가가 시간이나 공간을 경험하는 방식, 자아와 타자와의 관계 혹은 물질적 대상들에 대한 작가의 인식에 초점을 맞추는 방법이다. 여타의 외재적 접근방

---
1) 주창윤, 『허기사회』, 글항아리, 2013, 12쪽.
2) 정미숙, 「백신애 소설의 몸과 감각」, 한국문학논총 61집, 한국문학회, 2012.8, 240쪽.

법을 거부하고 작품 자체에 나타난 작가 의식의 양상만을 고구한다. 현상학이 관심을 집중시키는 것은 반복되는 주제나 이미지의 패턴 과정에서 발견되는 정신의 심층 구조이다. 이에 필자가 사용하는 '감각의 현상학'은 이우걸 시조에서 상호 의존 관계에 있는 지각주체(subject)이자 지각대상(object)인 '감각'이 어떻게 지각되고 형성되는가 하는 방식에 초점을 두고 살펴보고자 한다. 이를 통하여 이우걸 시조의 타자 지향성의 의미를 규명할 수 있으리라 생각한다.

2. 감각의 활용과 타자성의 발견

이우걸은 감각적이다. 이우걸에 있어 '감각'이 주목되는 까닭은 감각적 수사(시각적 청각적 촉각적 등)에 그치지 않는다는 데에 있다. 이우걸이 활용하는 감각에는 모든 감각기관이 동원된다. 이는 흥미로운 발견이다. 먼저 '이마' '눈' '입/입술/이빨' '손/손톱' '귀' '발/신발'로 세분화된 감각으로 활용되고, '영혼', '영육', '몸' 등으로 확장, 통합되어 드러나기도 한다. 감각은 곧 감정을 드러내는 것으로 연결된다. 감각과 감정은 그 자체가 실제적 운동(반응)이라고 할 수 있기 때문이다. 감각은 곧 몸으로 제재이자 주제로 뻗어간다. 이우걸은 섬세한 감각의 촉수를 동원하여 나와 너의 상호조응을 통하여 타자성³을 발견하고 소통의 진정성에 이르고자 한다.

2-1. 이마-눈(빛) : 타자의 발견과 공감의 회로

 정서 촉발과 동정(sympathy)의 중재는 뇌 영역 전두엽(이마엽)에서 걸러진다.⁴ 그런 까닭인가. 이우걸 시에서 '이마'는 시의 근원이자 번민, 판단의 처소로 드러난다. '이마'는 바라보는 자의 눈빛 혹은 시선에서 발견된다. 현상학적 시선은 대상을 바라보는 과정에서 발생하는데 '타자'를 알고 이해에 도달하기는 쉽지 않다. 이러한 몸의 맹점(盲點), 존재자의 헤아릴 길 없는 신비, 과거의 깊이, 장래의 불확정성, 타인의 초월성과 같은 다양한 경험 분야에서 의식은 이 절대적 비가시성의 문턱에 부딪히게 된다.⁵ 현상학에서 지평(地平)은 이 모든 절대적인 비가시성의 문턱에 대한 은유가 될 수 있다.

  잠긴 문전에서 등 돌린 바람 속에서

---

3) 여기서 '타자'란 배제되고 억압된 존재 혹은 타인이란 의미로 사용한다. 악셀 호네트가 사용하는 '정의의 타자에서 타자는 배려의 원칙과 인정의 원칙에 기반한다. 개인은 인간이라는 보편성과 동시에 개인적 특수성을 지닌 존재이며 친밀한 사람들과 정서적 한계를 형성하며 살아가는 존재이다. 악셀 호네트, 문성훈 외 역, 『정의의 타자』, 나남, 2009, 9~13쪽.
4) 안토니오 다마지오, 임지원 옮김, 『스피노자의 뇌』, 사이언스북스, 2007, 77쪽.
5) 미셸 콜로, 정선아 옮김, 『현대시와 지평구조』, 문학과 지성사, 2003, 134쪽.

무심히도 바라뵈던 이승의 문패 아래서
수 없이 나를 결별한 내 이마를 건지고 싶다
-「어두운 창을 열고」부분

「어두운 창을 열고」에서 시 창작을 향한 시인의 열망을 읽을 수 있다. 시 창작은 '만경창파'속 '돛배'처럼 외로운 작업이나 멈출 수 없다. 시는 '잃어서 얻은 저 목숨'처럼 절대적인 대상인 까닭이다. '사멸의 눈길 안에도 연엽(軟葉)같은 운(韻)돋는' 시어 탄생의 찰나적 순간을 포착하기 위해서는 잠시도 긴장을 늦출 수 없으나, 장담할 순 없다. "잠긴 문전" "등 돌린 바람" "이승의 문패 아래"에서 유산되거나 철회된 시의 잔해마저 다시 들추려는 시인의 집요한 사랑을 엿본다. "수 없이 나를 결별한 내 이마를 건지고 싶다"에서 '내 이마'는 내 것이나 내 것이 되지 못한 시를 향한 애련에 젖어있다.

진한 거역 씻어내고 찬 이마 마주 뎁히면
흔들수록 흔들릴수록 우리는 한 점 어등(魚燈)
죄 없는 영혼을 만나러 하늘 아래 놓였다
-「찬 이마 마주 뎁히면」부분

아이러니하게도 '이마'는 얼굴의 가장 윗부분에 좌정하여 본인은 볼 수 없고 상대에게는 잘 보인다. 쉽게 보여 닿기에 더욱 조심스러운, '이마'는 좁힐 수 없는 실존의 거리이다. '찬 이마'는 '진한 거역'의 열기를 낮춘 지성의 온도를 품고 관용의 마음자리를 지향한다. "죄 없는 영혼을 만나러 하늘 아래 놓였다"에서 부족한 서로에 대한 인정과 "우리는 한 점 어등(魚燈)"에 불과하다는 낮고 절실한 고백으로 만나 찬 이마를 마주 댑힌다. '이마'는 지성과 관용의 자리이다.

그래서 '이마'는 날이 서 있다. "눈을 뜨면 이마 위엔/언제나 돌이 있다/그늘을 지우기 위해 새로운 출발을 위해 (「돌」)"에서 명증한 사유를 위해 언제고 가다듬으려 한다. 그렇지 않으면 "묘하게 넘긴 처세가 이마를 벗겨놓았다"(「잔나비」)처럼 약삭빠른 처세를 취하면 '이마'는 언제고 풍자의 대상으로 추락한다.

> 따스한 눈빛만이/가장 확실한 격려/굴곡 많은 네 이마의/상처를 바라보다가/벨소리 나기도 전에/면회실을 빠져 나온다
> – 「마산교도소-K에게」 부분

「마산교도소-K에게」에서 '이마'와 '눈빛'의 조응은 사랑처럼 따스하고, 고백처럼 신중하다. '따스한 눈빛'이 '굴곡 많은 이마'를 향해 건넬 수 있는 것은 조심스런 '격려'이다. 변함없는 믿음과 마음을 전하는 동행이다. 화자의 진중한 배려는 "벨소리 나기도 전에/면회실을 빠져 나온다"에서 분명하게 드러난다. 두 사람의 조용한 교감을 흔드는 '벨소리'는 무엇인가. 교도소 내의 질서와 규율을 드러내는, '너'를 수감자로 부르는 호출이 아닌가. 벨을 피한

화자는 눈빛을 지킬 수 있어 다행이다.
 이우걸 시에서 눈빛은 따스하고 섬섬하다. "그 섬섬한 눈빛이 닿아/고이어 맺힌 하늘"(「이슬」) "그 사람/눈빛처럼/말없이 따라와선「남해 맑은 물은」"에서 알 수 있듯이 '눈빛'은 '이슬'로 '물'로 결정(結晶)된 위로의 전언으로 드러난다. 그러하기에, 비관여적인 '눈빛'은 오래 타자를 따를 수 없다. 거두고 자신에게 돌아오는 과정에서 흔들리고 어긋날 수 밖에 없다.

> 따뜻한 날개를 가진 종이배는 꿈의 나라
> 고운 살결 깎여버린 어두운 물 위에서도
> 남이는 정성을 다해 종이배를 띄워보낸다
>
> 아득히 먼 곳을 향해―
> 그리운 먼 곳을 향해―
> 내 눈빛이 부서져서 맴돌고 있을 때에도
> 남이는 물을 넘어선 한 마리 학을 본다
> ―「종이배」부분

 이 시는 부자(父子) 동행의 시이다. 「종이배」는 서로 갈리는 '눈빛'의 향방을 선명하게 드러낸다. 부자는 냇가에서 종이배를 띄우고 있다. 이 아득하고 행복한 풍경은 멀리서 보면 영원할 듯하나 정작 그 지속의 시간은 길지 않다. 아들 '남이'에게 '종이배'는 꿈의 나라이나 아버지에게는 돌봄의 도구에 지나지 않는다. 정성을 다해 종이배를 다루는 '남이'

의 눈빛은 그의 꿈을 담고 있다. "아득히 먼 곳을 향해-/그리운 먼 곳을 향해-" 동경의 시선을 쏘아 올린다. '남이'가 "물을 넘어선 한 마리 학"을 볼 때 "내 눈빛"은 이미 부서져서 맴돌고 있다.

 이것은 단순한 객관적 사실의 인지인 지각의 영역을 넘어서는 심연을 드러내는 풍경이다. 아버지인 화자가 아들을 바라보는 시선은 일종의 의식적 감각 행위(sentir)이다. 아들이 느끼고 믿는 체험의 시간을 완전히 의식하고 이해하는 상태이다. 이버지는 어린 아들의 꿈이 현실에서 위태롭고 이루기 힘든 꿈의 시간임을 안다. 그럼에도 아들 편에서 바라보는 원망(願望)을 겹치기도 했으리라. 바라보는 방향은 같으나 그 의미가 같을 수 없어, 시선은 갈리고 부숴진다.

2-2. 손/발 : 현실적 위치와 소외의 간극

 '손'과 '발'은 무엇보다 우리의 일상을 가능하게 하는 작동주로 개인이 처한 현실적 상황을 가감없이 드러낸다. '손'과 '발'은 각 개인이 처한 구체적 일상과 현실적 위치(계급성) 그리고 친소관계를 드러내는 데 기능한다. 이우걸 시조에서 '손'과 '발'은 구체성과 관념성을 담보하는 매개이다.

 먼저 '손'의 경우, 「손·2」에서 시인은 '손'을 찬양한다. '손'은 '천사'이고 운명의 결단을 일임받은 자이며 '고향'이고 '언덕'이다. 「손·2」는 '손'의 돌봄과 행함을 통해 '손'의 기능성과 초월적 가능성을 강조한다. "그저 약속도 없이/잔은 만나려 한다/만나서 가꿀 수 있는 한 평의 뜰이 없어서" "어쩌면 손에 대한 향수 때문에/잔을 만나려 한다 만나서 불타려 한다"(「잔」)에서 손이 갖는 접촉의 반향은 강렬하다. 「잔」의 주체는 누구인가. 잔인가 잔을 들고 있는 자인가. 주체와 대상의 무화는 단순하지 않다. 잔이 손에 닿는, 잔에 닿는 손의 시간은 타진의 순간으로 마음에 한 평 뜰을 가꾸는 시간이다. 손길 혹은 접촉이 없으면 아무것도 이루어지지 않는다는 심원한 진실이 뜨겁다.

 '손'은 보이는 곳과 보이지 않는 영역에 스며들어 매우 심오하게 변주된다. "어릴 땐 크고 따스한 아메리카의 손"(「아메리카」)에서 '손'은 굴욕적 원조로 「비누」에서 '손'은 구체적 대상('비누')을 철학적 승화(영혼의 거울)로 길어 올리는 매개로 작동한다. 아내의 "멍이 든 손끝"(「꽃」)은 정원 같은 가정을 가꾸기 위한 가혹한 희생, 헌신을 의미한다.

　　나사가 나사일 땐 나사인 줄 몰랐다
　　병든 자본의 가지 끝에 앉아서
　　마지막 조립을 위해 피 흘리던 손이여

　　무너진 계단 밑에서 잠이 든 너를 보며
　　으깨진 사체 속에서 일어서는 너를 보며

어둡고 아름다운 세상의
나사를 생각한다
-「나사·2」- 삼풍백화점 부분

「나사·2-삼풍백화점」에서 주목한 손은 노동자의 손이다. 「나사·2」는 '삼풍백화점' 참사를 기억하고 희생자를 애도하는 시이다. 삼풍백화점 참사는 자본주의 시스템의 총체적 붕괴, 부실을 상징하는 사건이다. 화자는 희생자를 "병든 자본의 가지 끝에 앉아서/마지막 조립을 위해 피 흘리던 손이여"로 호명한다. '나사' 같은 존재인 '피 흘리던 손' 노동자를 희생자로 내세운 것은 이례적이다. 노동자는 실질적인 권한은 없으나 그 책임에서 완전히 자유롭기도 어려운 애매한 존재인 까닭이다.

 나사가 자리를 잃고 튀어나오면서, 노동자의 '피 흘리던 손'이 발견된 것은 진정 반가운 일이나, 후속 조치는 씁쓸하다. 사실상 폐기대상인 튀어나온 '나사'는 눈길을 오래 끌지 못한다. 그렇기 때문일까 화자 또한 지금 이곳의 탐색을 멈춘다. "어둡고 아름다운 세상의/나사를 생각한다"로 장을 넘긴다. 미래지향적이긴 하나 현실적 체념과 한계를 보인다. "으깨진 사체 속에서 일어서는 너를 보며" 가능한 상상은 반듯한 자본주의의 건립일까. 멈출 수 없는 발전에 대한 다짐일까. 소외된 노동자, 피해자에 대한 현실적 처우는 더디고, 유보되는 과정에 있는 것은 아닌가.

들일하다 돌아온 마음씨 착한 우리 형수님
무심코 본 손톱의 반달이 희미하다
무좀이 번져서 일까
외로움이 깊어서 일까.
 －「손톱」부분

 어디 익명의 노동자 삶에 그칠까. 힘겹고 고독한 삶은 모두 각자의 몫으로 쉽게 나눌 수 있는 것이 아닌 듯하다. 다정한 화자인 시동생은, 깊이 숨어 보이지 않는 형수의 '손톱'을 볼 수 있다. '손톱의 희미한 반달'에서 질환인 '무좀'과 '외로움'을 읽어 낸다. 마음만 건넬 뿐 해 줄 수 있는 것이 없다. 「반지」에서 연인에게 반지를 끼워 주며 "그 손에 내 마음 입힌 반지를 끼워 보네" "우리 삶 푼 수 만한 황금 두 돈 반지"의 일성은 배타적인 손의 친밀성과 그들이 처한 현실적 상황을 웅변한다.

 [발]은 어떠한가. '발'은 우리를 어디에나 갈 수 있게 실어 나르는 중요한 감각기관이다. '발'은 '다리' 혹은 '신발'로 달리 불리며 등장한다. 이우걸에게 '발'은 매우 각별하다. 영혼과 육체의 구분이 의미 없는, "묵묵히 한 생의 무게를/감당해 온/ 신뢰 밖엔"(「발에게」)이라며 칭송하는 특별한 존재이다. 그럼에도 불구하고 '발'은 갈 수 있는 곳과 갈 수 없는 곳이 정해져 있어 자유롭지 못하다. 이러한 '발'의 거처는 공동체의 의미와 주체의 존재 감각을 환기한다.

> 이따금 엽서에다 누나는 소식을 쓴다
> 성한 그, 다리로는 밟지 못할 고향 땅에
> 어머니 추우실까 봐 털옷도 짜 보낸다
> -「우리 누나」 부분

> 아무나 이곳에 와서/신발을 벗지 못한다
> 영육의 문신을 온 몸에 나눠 새기며
> 꿈꾸는/사람들끼리만/백성이 되는/나라.
> -「방·1」 전문

「우리 누나」「방·1」 두 편의 시에서 볼 수 있듯이 '발'은 자유롭지 못하다. 무슨 까닭일까. 「우리 누나」의 '우리 누나'는 성한 다리로는 고향 땅을 밟을 수 없다고 한다. 고향은 누나에게 닫힌 공간이다. 이는 누나의 선택이기보다는 암묵적인 고향의 배제 논리를 내면화한 것이라고 해석할 수 있다. 무슨 사연인지 알 수 없다. 다만 누나의 사적이고 수치스러운 일과 연관된 것이 아닌가 짐작될 뿐이다.[6]

고향은 이중적이다. 보통의 경우 고향은 '장소'(place)로 안전과 애정을 느낄 수 있는 고요한 중심이다. 그러나 '우리 누나'에게 '고향'은 간섭과 사시적 시선을 견뎌야 하는 곳일 뿐이다. 누나는 개방과 자유의 공간(space)을 찾아 떠난 것이라 볼 수 있다.[7] 모든 것이 노출되고 익명성이 보장되지

---

[6] '우리누나'는 이우걸 시인 친구의 누나이다. "6·25 이후 양공주가 된 누나를 가진 동생이 우리반 학생이었던 기억을 되살려 써 본 것이다." 261쪽. 이우걸, 『풍경의 해석』, 동학사, 2021.
[7] Yi-Fu Tuan, 구동회·심승희 역, 『공간과 장소』, 대윤출판사, 1995, 25쪽.

않은 채 개인사에 예외를 두지 않은 고향에서는 실존적 외부성[8]만 확인할 뿐이다.

「방·1」의 논리는 더욱 폐쇄적이다. '영육의 문신'을 '온 몸'에 나눠 새기며 (같은)꿈을 꾸는 사람들끼리 '백성'만이 들 수 있는 공간이 '방'이다. 이 좁디좁은 논리를 가진 '방'에 머물 수 있는 사람만이 '백성'이니, 방이 곧 나라이다. '아무나'는 '신발'을 벗지 못하니 감히 근처에 얼씬할 이유가 없다. 금지와 배제, 선택적 허용의 공간이 '고향'이고 '방·1'이다.

그런데 금지와 배제의 공간은 '고향'과 '방1'에만 그치지 않는다. 넘나들 수 없는 공간은 우리 마음이 만드는 거리이기도 하다. 기다려도 발길 닿지 않는 공간이 고향이기도 하고 한 방에 누운 식구라도 발을 들일 수 없는 금을 긋는 공간이 집이다. 고향에 "섬처럼" 농사일하는(「형님」) 형님과 '자궁암'을 앓으며 '폐선'처럼 그늘져 있는 형수님이 계신다. 왕래가 잦았다면 이토록 쓸쓸하지도, 병의 치료 시기를 놓치지도 않았을 것이라는 인상을 받는다.

> 몇 번을 건설하고 또 몇 번을 파괴해 온
> 산마루 꼭대기에는 바람뿐인 집이 한 채
> 절망과 희망이 누워
> 서로 다른

---
[8] 에드워드 랠프, 김덕현·심승희 역, 『장소와 장소상실』, 논형, 2005, 119쪽.

꿈을 이룬다.
　－「식구」

「식구」를 보면 「방·1」이 품은 폐쇄적 동일시 논리가 순진하고 눈물겹게 느껴질 정도이다. 「식구」에서 산마루 꼭대기에 지어진 한 채 뿐인 집은 바람 소리만 들린다. 산마루 꼭대기 집을 찾는 이가 누가 있을까. 오고 가는 이가 없는 이 집의 외로움은 식구들에게서 더욱 짙다. "절망과 희망이 누워/서로 다른/꿈을 이룬다"는 무엇인가. 식구들은 서로 다르다. 한 집에 있으나 그들은 서로를 이해할 수 없다. 서로 다른 꿈을 이루기에(이루기 위해) 꿈을 공유할 수 없는 듯 하다. 그들은 서로의 공간에 갇혀 왕래가 없다. 식구도 없고 집도 보이지 않는다.

2-3. 입과 귀 : 자기 성찰과 감각의 갱신

무엇보다 '입'(/입술)과 '귀'는 성찰의 장으로 드러난다. 말하고 듣고, 듣고 말하는 감각기관인 입과 귀는 긴밀하게 연결되는 수신, 소통체계인 까닭일까 서로의 진정에 도달하지 못하는 입과 귀는 생생한 고통을 토로한다.

먼저 「입술」은 복잡한 표정 속 다양한 의미로 읽힌다. 먹고 마시고 말하는 감각처인 '입'은 성애적 공간이자 욕망의 근원이고, 죄를 짓고 반성하는 언어의 도가니이다.

유채 꽃밭에선 나비들이 놀고 있다.
뜬 가슴처럼 부산한 흰 구름의 나들이
그대의 작은 입술이
물기에 젖고 있다
―「입술·2」전문

너를 키우는 건 불굴의 남근일까
수초 우거진 긴 밤의 덩굴사이로
굶주린 사내들은 와서
홍등을 물어뜯는다
―「항구」부분

 사뭇 대조적인 위 두 편의 시는 입술이 처한 유동적 자세를 역설한다. 「입술·2」는 낭만적 연애의 폭주하는 기쁨을 담고 있다. 「항구」는 매춘의 배설적 성애를 다룬다. 「입술·2」에서 노오란 '유채 꽃밭'을 봄 풍경으로 하여 유희와 환희의 몸짓이 펼쳐진다. 나비의 가슴은 뜬구름처럼 가볍고 날개 짓은 한없이 부드러울 것이다. 나비의 목표는 '그대' '작은 입술'의 반응을 향한다. 물기에 젖어 드는 작은 입술은 익어가는 봄처럼 몽환적이다.
 반면 「항구」는 어떤가. '항구'는 본능의 배설적 공간이다. '남근'을 가진 '굶주린 사내'들이 우거진 수초 덩굴을 헤치고 '홍등'을 물어뜯는다. 수초(水草)는 여성 성기의 외피적 모양새임을 상상하기 어렵지 않다. 그들이 물어뜯는 것이 여인의 성이 아니라 홍등이라는 표현은 기이하다. '홍등'은 매매춘의 유흥가와 인격성과 관계성이 전혀 존재하지 않는 파괴적이고 파편적(破片的)인 섹슈얼리티를 말한다. 환멸을 남길 뿐이다.

「겨울 항구」는 "어둠의 사슬에 묶여 포구에 갇힌 선박들"이 머무는 황량한 현실로 '오리무중의 내일'을 닮았다. 주변의 '여인숙 하수구'는 '병든 낭만'을 방류하고 있다. 이러한 대비적 현상을 통해 시인이 지향하는 것은 치열한 관계욕망이다.

> 그리움의 살결이 짐승처럼 만나서
> 피 흘리며 짜내는 직조물 같은 파도여
> 밤마다 네 소리 때문에/달이 하나 뜨곤 한다
> －「사랑 노래」부분

이우걸에게 '사랑'이란 진정한 영육의 결합이다. 너와 나의 만남은 뜨겁고 새로운 감각의 장을 함께 하는 것이다. "그리움의 살결"이 전제되어야 한다. 서로에 대한 갈망이 '짐승'처럼 만날 때, '피 흘리며 짜내는 직조물'같은 파도를 부를 수 있다. '파도－소리－달'의 이음은 몽환적 인 충만함이다.

이토록 직접적이고 예민한 관계의 감각기관인 입(입술)을 향한 이우걸의 삼가와 근심은 깊다. 무엇보다 '입'이 자신에게는 성실을, 타자에게는 진정을 담보하는 도구로 한정되길 원한다. "마른 낮달처럼/너를 피리 불어 이 세상을 속인 죄로/숨겨둔 퍼어런 멍울만/한밤에 아려온다."(「입술·1」)에서 보듯이 입술은 '마른 낮달'의 창백한 기만으로 언제든 죄를 범할 수 있다. '입'은 진정한 관계, 증언을 위해 복무해야 한다고 다짐한다.

무책임한 침묵도 비판의 대상이다. '달콤한 침묵'은 쉽게 취하여 빠져 들 수 있는 '뱃놀이 같은 마약'(「입술·3」)이라고 경계한다. "천근의 무게를 빙자해/내가 채우는 쇠통 하나"(「입술·6」)에서 나서지 못하는 비겁함을 꾸짖고 있다. 입술은 진정성을 위한 고백을 가능하게 하는 도구이다. 그래서 입술은 이마 위 돌처럼 언제고 고해성사를 마련한다. "젖은 담요를 깔고 잠은 지금 누워 있다/오늘밤 그가 맞이할 영혼의 고해성사/아파트 베란다에 걸린/빨래들이 푸석거린다"(「입술·3」)는 불면의 밤처럼 진지하다. 「자정에 이닦기」에서 시인은 "상대편을 헤치고 비게덩일 무찌르는/내 수성(獸性)의 입안을 깨끗이 씻기 위해/밤마다 나는 이빨을 닦아야 하는 걸까"라며 하루를 마감하고 내일을 다짐하는 시간에 '수성'을 씻어낼 이빨을 살핀다. 진정한 관계 맺기를 위한 자기 수신(修身), 성찰의 시간이 치열하다.

[귀]

시인은 이명의 고통, '귀울음'의 대속(代贖)을 통해 감각을 갱신하고자 한다.[9] "설은 밥알 같은, 떫

---

9) 정미숙, 「물 위에서 노래하다 – 이우걸 『이명』, 천년의 시작」, 《시작》 2023년 여름 통권 84호, 148쪽.

은 풋감 같은/그런 과거사를 귀는 알고 있다/그것이 울음이 되어/스스로를 닫으려 한다"(「이명·3」)에서 '이명'을 고백한다. 이명은 '설은 밥알' '떫은 풋감' 같은 말을 제대로 듣지도, 해독하지도 못한 까닭에 이것이 '귀울음'으로 퍼지며 문을 막은 것이다. 과거사이냐, '이명'은 멈추지 않는다. 여러 편의 시에서 '귀' '귀울음' '이명'으로 등장하고 화자는 고통을 호소하며 뒤척인다.

'이명'이 깊을수록 들음의 방향은 선명해진다. 다행으로 처방도 얻었다. "마음이 길을 잃어서/오래 전에 병든 귀"(「귀」)에서 '귀울음'의 증상과 대안이 간파된다. '이명'은 자연의 비경, 생의 진경을 알고 싶어 뒤척이던 지난 열망을 되찾으라는 타전이었다.

생의 언덕바지엔 목 쉰 파도가 산다
파도는 사연 많은 생채기의 울음들이다
그 소리 다 읽고 싶어
귀는 늘 잠이 없었다
―「이명·2」

「이명·2」에서 '귀'는 '생채기의 울음들'을 다 읽고 싶어 잠들 수 없다. 화자가 앓고 있는 신열은 듣고 싶은 것을 잘 들을 수 없어 애타는 몸부림이다. 귀울음은 바르게 듣고, 뜨겁게 느끼고자 하는 의지이다. 다시 말하면 경청(傾聽)의 의지 표방이다. 경청은 진실된 바의 주체화로 이해되는 고행적 실천이다. 경청은 개인으로 하여금 사람들이 말하는 진실을 확인하게 해주고 진실을 확신할 수 있게 해준다. 이럴 때 귀(청각)는 모든 것 가운데 가장 정념적이고 다른 어떤 감각보다도 이성(logos)을 더 잘 받아들이는 감각[10]이라는 사실을 새길 필요가 있다.

> 들으려 하지 않는 귀,
> 들을 수도 없는 귀,
> 이미 편 갈린 귀,
> 서로 닫아 버린 귀,
> 마음이 길을 잃어서
> 오래 전에 병든 귀
> -「귀」

제대로 듣고 말한다는 '이명'의 주제 의식과 그대로 연결된다. 나의 체험과 감각을 통하여 세상이 들어오고 해석되는 것이 아닌가. 시인의 몸은 그 자체로 하나의 감각기관이다. 하나의 귀이거나 눈이고, 뇌이다. 한통속인 몸의 오류를 넘는 방법은 욕망의 주체인 나에 대한 비판적 성찰과 갱신 의지의 지속이다.

3. 감각 너머, 이해와 소통의 지평

이우걸은 생생한 감각을 활용하여 타자의 이해와

---
10) 미셀 푸코, 심세광 옮김, 『주체의 해석학』, 동문선, 2007, 360~361쪽.

세상의 해석에 이르고자 하였으나 몸이 분리되어 있듯이 나뉜 간극을 메우기는 어려웠다. 이에 이우걸은 가시태적인 감각 너머 비가시태의 영역인 내면의 감각 시학을 도모한다. 이는 보이고 보여지는 존재의 한계, 이해 불가능성의 협로를 벗어나고자 하는 시도이다. 현상학은 현전에 대한 사유가 아니며 부재에 대한 사유도 아니다. 현상학은 충만하고 완전한 현전도 아니고 순수한 부재도 아니며 항상 '은연한 현시'이자 '비-현시'인 지평구조에 대한 사유이다. 현상학은 드러냄이라는 방법을 통해서 감추어진 의미를 의미작용과 목적이라는 이중의 방향성[11]에서 살필 수 있는 것이다. 여기에서, 「맹인」과 「봄」 그리고 「숙제」에 활용된 읽기, 듣기, 그리기의 방식을 다시 살펴보는 것이 유용할 듯 하다.

> 맹인은 사물을 손으로 읽는다
> 손은 그가 지닌 세계의 창이다
> 마음이 길을 잃으면
> 쓸쓸한 오독(誤讀)도 있는….
>
> 눈 뜬 우리는
> 또 얼마나 맹인인가
> 보고도 만지고도
> 읽지 못한 세상을
> 빈 하늘 뜬구름인양

---

[11] 피에르 테브나즈, 김동규 옮김, 『현상학이란 무엇인가』, 그린비, 2011, 63쪽.

하염없이 바라본다.
　　 ―「맹인」전문

　「맹인」의 '맹인'은 치명적인 사람이다. 시력을 잃었으니 감각의 절반을 잃었다고 해도 과언이 아니다. 바라보는 눈빛을 느낄 수 없어 자신을 깊이 알 수도 없다. 맹인이 지문(指紋)을 통해 읽는 것은 세상이 허락한 최소한의 지문(地文)이다. '맹인'이 '손'의 감각으로 빛을 끌어내는 애타는 한 길 여정도 '마음'이 결정한다는 사실은 큰 울림을 준다. '맹인'의 목숨줄 같은 한 길 여정도 마음이 길을 잃으면 오독이 따른다는 진실은 눈뜬 우리가 새겨야 할 마음가짐이어야 한다. 어둠의 세계에서 맹인은 자신의 손끝에서 심오한 빛을 찾는다. 맹인은 마음을 세워 보아야 한다는 것을 알기에, 맹인일 수 없다.
　「맹인」은 읽을수록 눈이 밝아지고 시야가 넓어지는 시이다. 우리가 알고 보는 것이 진실이 아니고 진리가 아님을 이토록 명쾌하게 짚을 수가 있을까. "눈 뜬 우리는/또 얼마나 맹인인가/보고도 만지고도/읽지 못한 세상을/빈 하늘 뜬구름인양/하염없이 바라본다"는 날카로운 풍자이다. 맹인이 아닌 우리는, 보고 만진 세상을 전부라고 믿는 진정한 맹인이다. 마음의 빛에 닿지 못한 까닭일까. 통탄할 일은 자각조차 하지 못한다는 점에 있다. 자기 갱신의 감각을 통한 전환적 사유만이 전반에 깔린 관계의 타자성을 극복할 수 있을 것이다.

수피(樹皮)속엔 어둠을 쫓는
　　물소리가 요란하다
　　그것들이 상처에 닿으면
　　죽창 같은 잎을 내민다
　　어혈진 가슴을 푸는
　　이 화해의 영토 위에서.
　　　-「봄」전문

「봄」은 처절한 모순으로 우리를 겨눈다. '봄'을 보는 화자의 시선도 분열적이고 '그것들'의 기세는 전투적이다. 화자는 '수피 속'을 보고 '어둠을 쫓는 물소리'를 듣고 있다. 어둠을 뚫고 생명이 펼치는 전쟁의 함성을 듣는다. 화자의 혜안이다. 봄의 생명과 화해는 그저 주어지는 것이 아니다. 죽창(竹槍)은 물릴 수 없는 생명의 권리 장전(章典/裝塡)이다. 우리는 세상을 향해 '죽창 같은 잎'을 내민 봄을 보며 저항과 순응의 생명에 경외심을 갖지 않을 수 없다. 화자는 우매를 가장한 느긋한 시선 대비로 현상 너머, 진정한 여정을 제시한다.

「맹인」과 「봄」은 우리가 볼 수 없는, 쉽게 감지할 수 없는 심원한 생명의 감각 지대가 약동하고 있음을 깨닫게 한다. 함부로 엿볼 수도 넘볼 수도 없다는 생명, 타자의 세계에 대한 경외감은 지금 이곳의 자세를 교정하게 한다.

　　바닥난 우물 깊숙이 두레박을 드리우듯
　　아버지의 발을 그린다

조심조심 그린다
세상의 짐이 무거워 잠에 빠진 그 발을……

한 번도 다정스레 안아준 적 없었지만
한 번도 다정스레 불러준 적 없었지만
새벽에 불을 켜놓고
아이는 발을 그린다
−「숙제」전문

 마침내, 이우걸은 전율하는 세계에 내몰리며 마음속 깊이 묻어두었던 '아버지'를 끌어올리려 한다. "바닥난 우물 깊숙이 두레박을 드리우듯/아버지의 발을 그린다"에서 읽을 수 있듯이 이제 '아버지'는 우리들의 든든한 '두꺼비집'이 아니다. 그저 깊숙한 '심연'일 뿐이다. 왜 시인은 '아버지의 발'을 그리려 하는가. '바닥난 우물' '깊숙이' '두레박을 드리우듯'은 두렵고 막막한 시간을 말한다. 우물에 닿는 더딘 시간과 닿을 수 있을지조차 막막한 시간을 견뎌야 한다. '발'은 이우걸이 영육의 구분 없이 신뢰를 갖는, 가장 소중하게 생각하고 허물없이 여기는 곳이다.
 「숙제」의 '아이'는 아이와 어른의 구별을 지났다. 아버지의 발을 '세상의 짐이 무거워 잠에 빠진 그 발을' 이라고 말할 수 있는 사람은 아버지를 이해하기 시작한 아버지의 시간을 사는 성장한 시인이라고 생각된다. 그러나 아버지의 깊이를 알기란 얼마나 힘든 것인가. "한 번도 다정스레 안아준 적 없었지만/한 번도 다정스레 불러준 적 없었지만"에서 아버지에 대한 원망과 절망 사이에서 분열하는 시인은 여전히 내면 아이의 시간을 지니고 있다. 아버지의 발을 정확히 그리기 위해서는 각인된 아버지상을 지우고 다시, 그려야 한다. 그래서, 원망과 갈망의 그늘을 걷으며 "새벽에 불을 켜놓고/아이는 발을 그린다"는 깊은 울림을 갖는다. 언제나 무의식의 그늘에 숨어 있던 아버지 혹은 아버지라는 상처를 제대로 바라보고 그린다는 것은 현실에 대한 직시이고 아버지에 대한 이해이고 도달이다. 마침내, 긴 두려움의 시간을 지나 화자는 '아버지'의 타자성에 이르는 시적 직관에 닿은 것이다.[12]

---

12) 미셸 콜로, 정선아 옮김, 『현대시와 지평구조』, 문학과 지성사, 2003, 19쪽.

이우걸

1946년 경남 창녕 출생. 1973년 『현대시학』으로 등단했다. 시집으로 『저녁 이미지』, 『나를 운반해온 시간의 발자국이여』, 『주민등록증』, 『아직도 거기 있다』 등 15권이 있다.

수상으로 경상남도문화상, 중앙시조대상, 가람시조문학상, 이호우시조문학상, 이영도(정운)문학상, 김상옥시조문학상, 성파시조문학상, 백수문학상, 등을 받았으며 만해사상실천 선양회가 펴낸 한국대표명시선 100권에 시선집 『어쩌면 이것들은』이 있다.

창연시선 2024

비 누

2024년 8월 15일 초판 1쇄 발행

지 은 이 ㅣ 이우걸
편　　집 ㅣ 이소정
펴 낸 이 ㅣ 임창연
펴 낸 곳 ㅣ 창연출판사
주　　소 ㅣ 경남 창원시 의창구 읍성로 36
출판등록 ㅣ 2013년 11월 26일 제 2013-000029호
전　　화 ㅣ (055) 296-2030
팩　　스 ㅣ (055) 246-2030
E - mail ㅣ 7calltaxi@hanmail.net

값 15,000원
ISBN 979-11-91751-88-8　　03810

ⓒ 이우걸, 2024

* 이 책의 판권은 저자와 창연출판사에 있습니다.
* 양측의 서면 동의 없이 무단 전재나 복제를 금합니다.